COLLECTION

DE

M. DE WILLET

D'AMSTERDAM

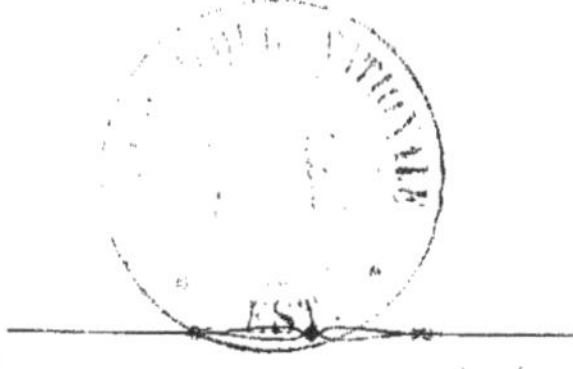

COMMISSAIRE-PRISEUR   EXPERT

M⁺ CHARLES PILLET   M. L. BLOCHE

10, rue de la Grange-Batelière.   3, rue du Helder.

1874

CATALOGUE

DES

FAÏENCES ITALIENNES

Des **Fabriques** de Gubbio, de Deruta, de Caffagiolo, de Faenza,
de Pesaro, de Forli, d'Urbino, de Castel-Durante, de Sienne, de Savone,
de Padoue, etc. ;

Faïences françaises de Bernard Palissy, de Marseille et de Strasbourg ;

Faïences hollandaises. Fabriques de Delft et autres ;

Fers. Coffret de la Renaissance ; Clefs et Serrures des XVe XVIe et XVIIe siècles ;

Éventails en vernis Martin ; **Porcelaines** de la Chine et du Japon.

Faïences de Rhodes.

Composant la Collection de M. de WILLET, d'Amsterdam.

DONT LA VENTE AURA LIEU

HOTEL DROUOT, Salle n° 8

Les Lundi 26 et Mardi 27 Janvier 1874,

A deux heures.

Par le ministère de Me CHARLES PILLET, Commissaire-Priseur,
10, rue de la Grange-Batelière,

Assisté de M. L. BLOCHE, Expert, 3, rue du Helder,

Chez lesquels se trouve le présent Catalogue.

EXPOSITIONS
{ *PARTICULIÈRE :* le Samedi 24 Janvier 1874.
PUBLIQUE : le Dimanche 25 Janvier 1874.

DE UNE HEURE A CINQ HEURES.

CONDITIONS DE LA VENTE

Elle sera faite au comptant.

Les acquéreurs payeront, en sus des adjudications, *cinq pour cent* applicables aux frais.

L'exposition mettant le public à même de se rendre compte de l'état des objets, il ne sera admis aucune réclamation une fois l'adjudication prononcée.

Ce Catalogue se distribue :

A PARIS

Chez MM. CHARLES PILLET, commissaire-priseur, rue de la Grange-Batelière, n° 10.

L. BLOCHE, expert, rue du Helder, n° 3.

A L'ÉTRANGER.

Londres, chez MM.	F. DAVIS, 51, Pall Mall.
—	H. DURLACHER, 9, King street, Saint-James Square.
—	MYERS AND SON's, 171, New Bond street.
Bruxelles,	ÉTIENNE LEROY, 8, rue des Chevaliers (Avenue de la Toison-d'Or).
—	STROOBANTS, 9, boulevard d'Anvers.
Berlin,	LEPKE, Unter den Linden.
—	FIOCATI, Unter den Linden.
Vienne,	KAESER, 2, Bogner-Gasse.
Francfort-sur-Mein,	LOEWENSTEIN, frères, Zeil.
—	GOLDSCHMIDT frères, Zeil.
Rotterdam,	LAMME, conservateur du Musée.
Amsterdam,	BOASBERG, Kalverstraat.
La Haye,	SWAAB.
Florence,	RIBLET, marchand de curiosités.
Rome,	CASTELLANI.
Saint-Pétersbourg,	NEGRI, perspective Newski.

Paris. — Imp. PILLET FILS AÎNÉ, 5, rue des Grands-Augustins.

ORDRE DES VACATIONS :

Longtemps avant nous, les écrivains les plus autorisés, les archéologues les plus érudits ont signalé dans leurs ouvrages les merveilleux éléments dont se compose la collection de M. de Willet.

La section des faïences italiennes offre une série de pièces de premier ordre, datant du xv° et du xvi° siècles, époques glorieuses de l'art céramique, grâce aux maîtres qui les ont illustrées.

Les Giorgio Andreoli, les Gencio, les el Frate, les Girolamo, les Orazia Fontana, les Nicolo di Gabriele, sont représentés par des œuvres vraiment dignes de leur réputation.

Le disque de Gubbio (n° 1 du catalogue) révèle non-seulement les grandes qualités DE MAESTRO GIORGIO ANDREOLI comme potier et comme émailleur, mais aussi comme peintre. *Saint Paul* en buste, représenté au centre, est d'un caractère saisissant.

La coupe (n° 2), sur ce point, ne lui cède en rien, quoique d'un genre différent. C'est une des plus heureuses productions d'effets rubis que l'on puisse citer. Le décor, *Cosimo di Medici,* au centre, et *les boules* qui agrémentent la bordure, ajoutent à l'at-

trait d'une pièce originale et parfaite, un intérêt
historique.

Le n° 3, autre *coupe* du même maître, représente
au centre *une tête de chérubin* en relief qui se détache
merveilleusement au milieu des superbes reflets
métalliques illuminant l'ornementation de la bordure.

Les autres pièces de la fabrique de Gubbio sont
des spécimens précieux des talents si variés des
maîtres qui l'ont rendue célèbre.

De *Deruta, la coupe* (n° 7), par le caractère du
personnage représenté au centre, la richesse de
son costume et les reflets d'or si heureusement ob-
tenus, est une des productions de cette fabrique les
plus dignes d'attention, et qui ne peut être attribué qu'à EL FRATE. Le décor de la bordure, tout à
fait semblable à celui de tant de pièces jusqu'à présent désignées sous le titre de faïences *Siculo-mo-
resques*, fournira une arme puissante aux archéologues qui doutent, et peut-être pas sans raison,
que ces fabriques aient jamais existé. Aussi n'a-
vons-nous pas tergiversé pour déclarer de Deruta,
la coupe à salière (n° 8), dont le décor est cependant
le même que celui de *l'aiguière avec plateau,* du Louvre (n° 26 du catalogue).

Le plat rond (n° 9), mieux que toutes les pièces de
Caffagiolo, du Musée, nous donne une idée élevée

de cette fabrique et de ses productions. Nous pouvons le citer comme une des pièces les plus remarquables qui soient connues.

Est-il besoin de dire tout l'intérêt que présente *la coupe de Faënza* (n° 10)? Elle est aux armes du *pape Clément VII*, de la famille des Médicis, et offre par son décor une analogie assez curieuse avec les plus anciennes et les plus fines gravures orientales.

Les numéros 11 et 12 peuvent rivaliser avec cette coupe, ou plutôt partager avec elle l'admiration des connaisseurs.

Gubbio, on le sait, ne fut pas la seule fabrique où Giorgio travailla. Souvent GIROLAMO DE PESARO fut honoré de sa précieuse collaboration, surtout pour obtenir des reflets métalliques comme nous en retrouvons sur les trois remarquables plats catalogués sous les numéros 14, 15 et 16.

M. de Willet a eu le bonheur de réunir seize pièces d'*Urbino*, en majeure partie des meilleurs maîtres, intéressantes par les inscriptions que l'on y lit, et enrichies des armoiries des plus célèbres familles d'Italie. De beaux spécimens de *Forli, Castel-Durante, Venise, Padoue, Sienne, Savone*, et de bien d'autres fabriques estimées, complètent dignement la section des faïences italiennes.

Mais à cette partie de l'art céramique seulement, M. de Willet n'avait pas limité ses recherches; les faïences hollandaises qu'il a réunies le prouvent suffisamment. *Delft* brille au premier rang.

La garniture (n° 58) est aussi importante que re- marquable par la forme gracieuse des cornets et des bouteilles, par la beauté de leur pâte, la richesse de leur décor, et la vivacité de leur émail.

Les gourdes décorées par G.-K. LEYNOVEN; les plats de GREBU et de SHER, de JAN ASSELYN et de JEAN BROUWER; la coupe par P. P. KAN; les com- potiers par Pieter Jan Donne, toutes ces pièces aux formes si originales, aux décors si divers et si ca- ractéristiques des fabriques hollandaises, forment une réunion des plus intéressantes.

Parmi les *fers,* nous signalons un *coffret de la Re- naissance,* enrichi de sujets gravés d'une admirable conservation. La description un peu détaillée en fait ressortir toute l'importance.

De toutes les clefs, nous ne saurions lesquelles citer, sans crainte d'en laisser injustement dans l'ombre. Elles sont des meilleures époques et prou- vent, par leurs formes originales, leur travail si délicat, combien l'art de la serrurerie a périclité depuis le xviii° siècle au moins. Il en est toute une série du xvi° qui mériterait vraiment d'être classée parmi des bijoux.

L'éventail en vernis, de MARTIN (n° 175), est tout simplement une merveille, tant par son décor et la composition des sujets que par sa parfaite conservation.

Quelques pièces intéressantes, en faïence de BERNARD PALISSY et de sa suite, des fabriques de *Marseille* et de *Strasbourg*, une réunion de plats et d'assiettes en porcelaine de Chine, pâte *coquille d'œuf*, de la *famille verte* et de la *famille rose*, complètent cette collection digne d'attirer l'attention des amateurs les plus distingués.

ARTHUR BLOCHE.

DÉSIGNATION

FAIENCES ITALIENNES

Fabrique de Gubbio.

1 — Gubbio. — Disque rond dit Taglieri, à reflets métalliques, du commencement du xvi⁰ siècle, attribué au Maestro Giorgio Andreoli.

Au centre, un médaillon rond représentant saint Paul, vu en buste de face; il est coiffé d'un chapeau à larges bords, fond rouge, quelques boucles de cheveux en or frisent sur son front. Les traits du visage, de la barbe et du costume sont en bleu sur fond émail blanc. Il tient un glaive de la main droite, et l'Évangile de la main gauche, les caractères sont pointillés d'or. Les bords, larges, sont décorés à quatre rayons fond d'or rehaussé d'ornements finement gravés, remplissage en émail blanc.

La partie comprise entre les rayons est fond gros bleu et présente au centre un carreau fond rouge, encadré par des branchages couronnés de fleurs en or et rouge, qui prennent naissance dans une double corne d'abondance, fond d'or, détachée du médaillon central et se perdant en suivant un contour gracieux dans le bord du disque. Revers émail fond saumon rehaussé de cinq cercles fond d'or.

Diam., 22 cent.

2 — Gubbio. — Coupe élevée sur bourrelet, dite Piadene, à reflets métalliques, attribuée au Maestro Giorgio Andreoli, commencement du xvie siècle.

Le centre présente dans un médaillon rond sur fond émail rubis, Cosmo de Médicis, vu de profil, presque à mi-corps, les traits du visage sont en noir sur fond blanc, le costume, partie rubis et partie jaune.

Le marly, mi-jonc en relief, est émaillé jaune. Les bords, cintrés en creux, sont agrémentés d'ananas en relief, prenant racine dans le marly et émaillés jaune. Entre chaque fruit, un branchage couronné d'une boule en relief émail rubis. Du bord extrême, formé par un filet jaune à plat, se détachent des bananes et des grenades émaillés jaune et rubis, le tout sur un fond maïs.

Revers fond maïs rehaussé de cercles rouges.

Diam., 20 cent.

3 — Gubbio. — Coupe élevée sur bourrelet, dite Piadene, à reflets métalliques, attribuée au Maestro Giorgio Andreoli, première période du xvie siècle.

Le centre offre un médaillon orné d'une tête de ché-

rubin en relief, chairs en gris et traits noirs, les ailes
déployées, partie or et partie rubis, se détachent d'un
fond blanc agrémenté de palmes or et rubis ombrées
de bleu. Le médaillon est encadré d'un cercle plat,
émail et rubis, et d'un marly en relief mi-jonc fond
d'or. Les bords, cintrés en creux, présentent des feuilles
de chêne en relief émaillées fond d'or, à traits bleus
entrecoupés de palmes en or et de grenades en relief
émail rubis sur fond blanc ombré de bleu, le bord
extrême décoré d'un filet plat en or.

Revers fond écru, rehaussé de quatres signes en
rouge rubis ayant à peu près la forme d'un G.

Diam., 25 cent.

4 — Gubbio. — Assiette de forme surnommée
Tondino, à reflets métalliques, attribuée au
Maestro Cencio, du xvi° siècle.

Au centre, sur un fond très-creux, émail bleu marbré, se présente un sphynx aux ailes déployées, vu
de profil, tenant dans ses griffes un écusson et tourné
vers un lis planté devant lui, émaillé jaune à traits bleus
plus clairs que le fond sur lequel il se détache par une
heureuse tonalité, le marly est fond jaune d'or. Les
bords, assez larges, offrent des feuilles de chêne en
jaune d'or à traits bleus sur fond blanc ombré, et encadrés comme les entre-deux, composés de fruits sur
longues tiges, d'arcades en jaune d'or.

Le bord se rallie par la teinte jaune au revers simplement émaillé d'une couverte à reflets opalins.

Diam., 24 cent.

5 — GUBBIO. — Coupe à ombilic élevée sur bourrelet, dite Piadene, à reflets métalliques, attribuée à MAÎTRE CENCIO. XVIe siècle.

L'ombilic présente un aigle en relief, aux ailes déployées, la tête, les ailes et les serres émaillées rouge, le corps jaune et le plumage tracé noir sur fond à partie bleue et partie blanche. Le marly à filets creux en deux zones, blanche et jaune, les bords, cintrés en creux, sont décorés de feuilles de chêne en relief, émaillées rouge, séparées entre elles par des grenades rouges jetées çà et là dans des feuillages en émail jaune ombré de bleu; la bordure, en deux zones, est composée de deux filets bleus superposés et d'un filet jaune presque à cheval. Revers, teinte grisâtre.—

Diam.. 22 cent.

6 — GUBBIO. — Saucière élevée sur piédouche, à reflets métalliques, attribuée au MAESTRO GIORGIO ANDREOLI, première période du XVIe siècle.

Elle représente un coquillage ouvert en émail bleu lapis à l'intérieur; à l'extérieur, se cramponne un animal fantastique dont la tête se détache en ronde bosse et forme anse; le corps et les griffes sont émaillés en jaune d'or et vert couvrant en partie le coquillage, le pied est décoré de bandes rouges et or vif.

Fabrique de Déruta.

7 — DERUTA. — Coupe élevée sur bourrelet, dit PIADENE, à reflets métalliques, attribuée au MAESTRO EL FRATE, du XVI° siècle.

Un grand médaillon compose la majeure partie du décor, il représente au centre, sur fond bleu, un personnage vu de profil à mi-corps, rappelant par son costume les chefs mores; le visage et le cou émaillé blanc, à imbrications bleues, le turban et le costume fond d'or, rehaussé d'ornements en gravures rechampis de bleu ; devant le buste, sur fond blanc, se détache une plante émaillée d'or ombré de bleu, le marly en deux zones se compose d'un filet jaune et d'un filet bleu. La bordure, sur fond émail blanc, à guirlandes de fleurs épanouies en bleu et à feuillages jaune d'or. Revers émail jaune clair.

Diam., 25 cent.

8 — DERUTA. — Coupe à salière, dite ONGARESCA, à reflets métalliques, du XVI° siècle.

Au centre se détache la salière en forme de cul-de-poule émail jaune d'or présentant dans son creux une rosace bleue.

La coupe, légèrement cintrée, est décorée d'arabesques à longues feuilles lobées, à remplissage jaune prenant naissance sur les traits déliés bleus, et couronnées de fleurs épanouies en émail bleu à cœur jaune, le tout sur fond blanc. Le bord à deux zones avec filets bleus et blancs à cheval. Au revers, dans le centre du pied, qui a la forme d'un emboîtage, sur fond blanc, la date de **1514** en émail **jaune** d'or, et sur le bord extérieur du bourrelet, un décor analogue à celui de la coupe.

Diam., 24 cent.

Nous présumons que cette pièce est un fragment très-précieux, néanmoins, d'une coupe dite d'accouchée.

Fabrique de Caffagiolo.

9 —CAFFAGIOLO. — Plat rond.

Le centre offre un médaillon où est représentée une femme vue de profil presque à mi-corps. Elle est coiffée d'un turban décoré de petits carrés à traits oranges sur fond blanc bleuâtre rehaussé de signes bleus. Le visage en *sopra-bianco* ombré de bleu. Le costume se compose d'une guimpe en jaune et d'un corsage bleu sur fond blanc imbibé de bleu par partie, le marly faisant saillie autour du médaillon en émail bleu lapis. La partie comprise entre le marly et le bord est décorée par quartier couvert ou d'écailles de poissons, ou d'ornements séparés par des galons lisses.

Les tons orange, vert, jaune et bleu lapis, heureusement combinés, rehaussent le dessin de ce plat que sa parfaite conservation et son caractère rendent précieux. Revers émail fond blanc rehaussé de dessins bleus.

Diam., 34 cent.

Fabrique de Faenza

10 — Faenza. — Coupe élevée sur piédouche dite *Scudella*. xvi⁰ siècle.

Au centre sur fond bleu lapis se détachent les *armes* du pape Clément VII de la *célèbre famille des Médicis*. Marly à cavités en *sopra bianco*, le bord est décoré d'ornements réservés en blanc sur fond bleu lapis entre deux bandes à rubans jaunes resserrés entre des filets blancs. Le revers est en émail blanc rehaussé de fleurs lobées sur tiges à traits déliés en bleu.

Diam., 22 cent.

11 — Faenza. — Plat rond dit *Tondino*. xvi⁰ siècle.

Le centre, très-creux, porte sur fond bleu bistré les armes de : *Giustiniani di Venezia et Medici*. Le marly se compose d'une bande en bleu bistré rehaussé d'ornements en clair entre deux galons à points bleuâtres sur fond lapis. Les bords, assez larges, présentent des grotesques s'enlevant en clair sur fond lapis. Revers émail bleuâtre rehaussé de rosaces et de traits en tons plus foncés.

Diam., 25 cent.

12 — Faenza. — Plat rond dit *Tondino*. xvi⁰ siècle.

Pendant du précédent et tout à fait semblable.

13 — Faenza. — Assiette du xvi⁰ siècle.

Le centre, en creux, présente un carrelage à traits

3

noirs, remplissage orange pointillé de jaune, de blanc et de bleu encadré d'une frise en bleu ombré.

Marly à deux zones : un cercle à traits bleus et une suite d'écailles de poissons, remplissages en jaune sur fond émail blanc, dont se détachent des fleurettes bleues ; le bord est décoré d'une bande couverte d'écailles de poissons, traits noirs, remplissages jaunes et de galons émaillés à filets bleus sur fond blanc. Le revers en émail blanc rehaussé de dessins en bleu et en orange.

Diam., 23 cent.

Fabrique de Pesaro

14 — Pesaro. — Grand plat à reflets métalliques, attribué au Maestro Girolamo et au Maestro Giorgio Andreoli. xvie siècle.

Le centre en creux présente le portrait d'une reine vue de profil à mi-corps ; la chevelure, la coiffure, le costume et les joyaux sont émaillés en jaune d'or ombré de bleu. Le visage est émaillé en *sopra bianco* et les traits sont bleus. A droite, se détache une branche chargée de feuilles et de fruits à traits bleus et remplissage or ; à gauche, une autre branche qui disparaît en partie sous une banderole jaune d'or, sur laquelle est émaillée en bleu l'inscription suivante :
V. MBELM RIRETV ITALA V. I. TAONO. RE.
Sur fond émail blanc ombré de bleu, le marly et les bords sont décorés d'écailles de poissons à traits bleus et remplissage d'or sur fond émail blanc ombré ; bordure à filet creux en or. Le revers est simplement vernissé.

Diam., 40 cent.

15 — PESARO. — Grand plat rond à reflets métalliques, attribué au MAESTRO GIROLAMO DE PESARO, et au MAESTRO GIORGIO ANDREOLI DE GUBBIO. XVIe siècle.

Le centre, en creux, représente *Centaure* lançant un trait, la partie du corps (forme humaine) ainsi que le visage sont en émail *sopra bianco* modelé en bleu ; la partie du corps (forme animale), le bouclier et le trait dont il est armé ainsi que sa chevelure sont émaillés jaune d'or. Sur le fond du médaillon, partie blanche, partie bleue, se détachent des fleurs au jaune d'or, le marly à écailles de poissons, traits bleus, remplissage d'or. Les bords sont décorés de trois rayons couverts d'écailles de poissons et de trois rayons présentant des ornements, séparés par des triples bandes. Émail fond blanc, traits bleus et remplissages jaune d'or, filet du bord en creux émaillé or.

Diam , 39 cent.

16 — PESARO. — Plat rond à reflets métalliques, attribué au MAESTRO GIROLAMO DE PESARO et au MAESTRO GIORGIO ANDREOLI DE GUBBIO. XVIe siècle.

Au centre, les armes de Pie Jésus en traits bleus, remplissage jaune d'or sur fond en *sopra bianco* ombré de bleu ; le marly forme mi-jonc cintré en creux décoré de dessins aux traits bleus déliés sur fond d'émail or se terminant par trois cercles bleus sur fond blanc. La partie comprise entre le marly et le bord est décorée de quatre rayons couverts d'écailles de poissons et de quatre rayons offrant des attributs de feuillages et de fruits séparés par une triple bande ; le bord est décoré d'une suite de feuilles entrecoupées par des triples rondelles. Émail fond blanc ombré de traits bleus et remplissage jaune d'or. Le revers émail saumon présentant au centre une espèce de grotesque à huit pattes est rehaussé de six cercles or vif.

Diam., 32 cent.

17 — PESARO. — Vase à deux anses à reflets métalliques du XVIᵉ siècle.

Il présente sur la partie formant le col un attribut de feuillages, traits et ombres bleus, remplissage jaune d'or sur fond blanc, de chaque côté une bande en or pointillé de bleu ; les anses tout en jaune d'or se rallient à la gorge également émaillée. Sur la panse, forme ronde surbaissée, une frise à écailles de poissons en jaune d'or et dessin bleu, entre deux galons bleus et blancs ; au-dessous une suite de larges écailles vue de trois quarts dans le même goût et se perdant dans des cercles en bleu, blanc et jaune d'or.

Haut., 17 cent.

Le pied a été coupé et assez adroitement pour que le vase ne manque pas, malgré cela, d'apparence et d'aplomb.

Fabrique de Forli

18 — FORLI. — Coupe élevée sur bourrelet, dite *Piadène*, commencement du XVIᵉ siècle.
Le Jugement de Salomon.

Composition de huit personnages : à droite, le roi, du haut de son trône, prononce la sentence, un tabouret

sur lequel il appuie le pied porte le monogramme **S. S.;**
au milieu, les deux mères, les témoins et l'exécuteur ;
à gauche un cavalier. Traits noirs, chairs jaunes, costumes en bleu en *sopra bianco* et orange, fond à quatre
zones, partie basse jaune, le sol en émail vert, le fond
en (*berettino*), le ciel et la partie supérieure en gros
bleu ombré de jaune. Une inscription, la description
du sujet sans doute, est émaillée en bleu sur la partie
inférieure.

Revers en *berettino* rehaussé de feuilles dessinées en
gros bleu et orange.

Diam., 25 cent.

Fabrique d'Urbino

19 — URBINO. — Plat attribué au Maestro ORA-
ZIO FONTANA, milieu du XVI° siècle.

Cadmus tuant le serpent.

Tel est le sujet que représente ce plat, importante
composition de sept personnages.

A droite, le monstre au dard menaçant, assailli par
les coups de lance que lui porte Cadmus ; au secours de
celui-ci trois autres combattants sont accourus et par
leur appui vont assurer son triomphe. Au premier plan,
un taureau en furie qui retient sous ses pattes sa der-
nière victime. A gauche, priant pour le succès de
Cadmus, deux femmes agenouillées. Au sommet, se
détachent sur le ciel les armes du *duc d'Urbin*.

Traits bleus, chairs jaunes ombrées d'orange, modelé
accentué, paysage aux tons verts, jaunes, oranges et
feu dominés par une teinte bleue.

Enrichi d'un beau cadre en bois finement sculpté et doré, de l'époque Louis XIV.

Diam. sans le cadre, 26 cent.

Au revers, on lit l'inscription suivante :
Di Cadmo ucisse il serpente.

20 — URBINO. — Plat attribué au Maestro ORAZIO FONTANA, milieu du XVI° siècle.

Le Festin du roi Midas.

Important sujet composé de huit personnages. A droite, par la porte ouverte du palais royal, on voit un libertin aux genoux d'une courtisane et l'obsédant de ses caresses. Devant le palais, autour d'une table dressée, le roi Midas entouré de ses favorites. A gauche, descendant de l'Olympe, au milieu des nuages, Bacchus qui apparaît et vient troubler la fête. A sa vue, on dissimule les mets délicieux qui couvrent la table. Au sommet se détachent les armes du *duc d'Urbin*. On peut admirer dans ce plat les mêmes qualités que dans le précédent dont il forme le pendant. Dans un cadre en bois finement sculpté et doré, de l'époque Louis XIV.

On lit au revers l'inscription suivante : *Del remida.*

Diam. sans le cadre, 26 cent.

21 — URBINO. — Assiette du XVI° siècle.

Sur fond émaillé blanc se détachent en noir et jaune les armes de :

Madruzzo di Trento,

et en rouge, bleu et *sopra bianco*, les armes de :

Vittori di Firenze.

Ces blasons sont entourés de sirènes, d'oiseaux, de poissons et de grotesques de toutes formes composant le décor dit *à la Raphaël*. Bordure à écailles de poisson en brun sur fond jaune. Revers émail blanc cerclé jaune.

Diam., 24 cent.

22 — URBINO. — Assiette du xvie siècle.

Les armes du roi et de la reine :
Normanni di Sicilia,
en jaune, noir et bleu se détachent sur fond d'émail blanc ; les blasons sont couronnés par une ornementation architecturale dans laquelle se jouent deux amours tenant des branches de laurier ; sur les bords, une suite de grotesques constituant le décor dit *à la Raphaël*.

Diam., 23 cent.

23 — URBINO. — Coupe élevée sur piédouche, du xvie siècle.

Au centre, un médaillon où est représenté en buste une mariée, traits noirs, chevelure orange, visage jaune ombré d'orange, voile blanc sur fond orange, marly simulant des anneaux enlacés formant une chaîne en traits oranges et remplissages jaunes, fond décor dit *plumes de paon*, c'est-à-dire, traits multicolores sur clair, bordure à rondelles émail orange sur blanc encadré de bleu.
Revers émail blanc cerclé jaune.

24 — URBINO. — Assiette dite Tondino, xvie siècle.

Le décor représente un paysage mouvementé à travers lequel serpente un sentier conduisant à une ville forte dont on voit les monuments et les maisons. En perspective, une chaîne de montagnes qui dominent la ville. Cette assiette, remarquable par la richesse des couleurs, la vivacité de l'émail et sa parfaite conservation, a fait partie du service *des Salviati* dont les armes enrichissent la partie supérieure.

Le Louvre en possède deux du même service (n°s 380 et 381), seulement elles sont en mauvais état, et le musée de South Kensington en a une autre. Ce sont les seules pièces de ce fameux service qui existent à notre connaissance.

Diam., 23 cent.

Revers émaillé blanc à filets jaunes.

25 — URBINO. — Coupe à ombilic et à bossages, élevée sur un bourrelet, dite *Piadène*, attribuée au Maestro NICOLO DI GABRIELE, XVI° siècle.

Les frères de Joseph, présentant sa tunique à Jacob et lui annonçant la triste fin de son fils.

Importante composition de six personnages. On retrouve dans le coloris, la vivacité de l'émail et la délicatesse du dessin, les qualités prédominantes du célèbre émule de Francesco Xanto.

Au revers, l'inscription suivante :
La Veste al patre di Gioseph appresentata frelli.

Diam., 28 cent.

26 — URBINO. — Grand plat à ombilic, attribué au Maestro ORAZIO FONTANA, XVI° siècle.

L'ombilic est décoré sur fond d'émail blanc d'un grand blason, en bleu, jaune, vert et orange, rehaussé des trois monogrammes V (Urbino), S. S. O. (Orazio).

Encadrement à fleurettes et barrettes en orange sur
jaune, marly cintré décoré de la Ronde des Amours
émaillés en jaune modelé orange sur fond bleu lapis,
d'où se détachent des entrelacs en *sopra bianco* ombrées de *berettino*.

Un galon peau de serpent jaune et orange encadre le
marly, autour une suite d'Amours représentent des sujets allégoriques émaillés en couleurs sur fond de différentes teintes. Ces amours prennent leurs ébats dans
des niches creuses ou repoussées en forme d'arcades
dessinées en bleu, entrecoupées au sommet par des
rosaces. Une frise carrée et ovale en traits bruns et
remplissage jaune relie la bordure, décorée d'une suite
d'ornements en *sopra-bianco* et bleu rehaussé d'étoiles
jaunes. Revers émail blanc.

Diam., 45 cent.

27 — Urbino. — Plat du xvie siècle.

Le décor représente : *La Nymphe Aréthuse et sa
compagne se baignant dans un fleuve.* Traits bruns,
modelé jaune très-accentué en jaune, draperies oranges, fleuve émaillé bleu. Des arbres et des troncs d'arbres émaillés noir très-vif font ressortir l'éclat des couleurs si variées.

Sur le revers émaillé blanc à cercles jaunes, on lit la
description du sujet en traits bleus : *Di Aretusa eō
norse m fiumo.*

Diam., 26 cent.

28 — Urbino. — Plat creux du xvie siècle.

Un médaillon représentant *un Amour reflétant un
cœur dans un miroir* ; traits bruns, modelé très-accentué en jaune légèrement teinté d'orange, sur fond à

4

paysage simplement ébauché, encadrement à chaînons, marly représentant des grotesques sur fond blanc; le bord est décoré *à la Raphaël.*

Revers blanc à cercle jaune.

Diam., 22 cent.

29 — URBINO. — Coupe à ombilic et à bossages, élevée sur piédouche, dite *Ongaresca,* xvie siècle.

L'ombilic est décoré d'un médaillon sujet mythologique : *l'Amour enchaîné.* Traits bleus, chairs en jaune clair, modelé plus foncé. Enchaîné sur une montagne aux teintes vertes et bleues, ciel à trois zones, jaune, *sopra bianco* et gros bleu. Marly formé par un galon jaune entre deux filets bleus, entourage à deux zones produisant une suite d'ornements heureusement réservés et offrant par la variété des couleurs une tonalité pleine de chaleur.

Revers fond blanc rehaussé de cercles jaunes et bleus.

Diam., 27 cent.

30 — URBINO. — Salière triple, xviie siècle.

En forme de vasque lobée par quartiers à la partie basse, elle présente à l'orifice en saillie un perlé émail bleu. L'intérieur est décoré d'un sujet allégorique : *un fleuve*; de chaque côté se détache en ronde bosse un enfant assis sur des mascarons et tenant des coquilles; la panse, en deux zones séparées par des ornements, est décorée sur chaque quartier d'amours en *sopra bianco* sur noir; la vasque, élevée sur des ornements en trèfles, repose sur une base octogone en partie cintrée, décorée de médaillons à fond marbré.

31 — Urbino. — Coupe lobée, élevée sur piédouche, dite *Piadène,* xviie siècle.

Hercule.

Il est représenté enveloppé dans la peau d'un lion, armé de sa massue ; le décor extérieur se compose d'ornements.

32 — Urbino. — **Salière triple, xviie siècle.**

Elle a la forme d'une vasque lobée à sa partie basse, flanquée de mascarons se détachant en relief, et de deux enfants en ronde bosse assis sur des têtes fantastiques et présentant des coquilles ; l'intérieur décoré d'un aigle couronné, l'orifice rehaussé d'un perlé jaune.

La partie inférieure de la vasque, ornée d'ornements, est décorée par quartiers de têtes d'enfants en jaune sur fond blanc. Élevée sur des ornements modelés en relief, elle repose sur base octogone décorée de médaillons en bleu lapis, encadrement en sopra-bianco.

33 — Urbino. — **Gourde du xvie siècle.**

A goulot droit, panse forme octogone flanquée de deux têtes fantastiques en guise d'anses, décorée de grotesques et d'ornements sur fond émail blanc et rehaussée de galons en jaune avec filets bruns et noirs.

Haut., 27 cent.

34 — Urbino. — **Assiette du xvie siècle.**

Daphnis et Chloé poursuivis par les amours. Composition de cinq personnages, chairs en bleu, modelé et cheveux jaunes, vêtements en jaune et bleu, fond de paysage.

Revers émail blanc.

35 — URBINO. — Aiguière du XVIᵉ siècle.

> Décor : Aigle à deux têtes en noir rehaussé d'un écusson en bleu, rouge et jaune, ornements sur fond blanc et bordures jaunes.

35 *bis*. — URBINO. — Coupe élevée sur pied du XVIIᵉ siècle.

> Au centre une alliance composée des armes d'Este, de Médicis, d'Urbino et d'autres familles célèbres d'Italie, encadrées d'ornements à jour.

Fabrique de Castel Durante

36 — CASTEL-DURANTE. — Une paire d'aiguières du XVIᵉ siècle.

> L'une est décorée sur la panse de deux figures d'hommes vus de profil, sur fond bleu, traits bleus, chairs en sopra-bianco, costumes émail vert et orange à rehauts noirs, encadrés d'une suite de palmes partie blanche, partie bleue sur fond rouge. Parties réservées près de l'anse en émail blanc rehaussé de dessins en bleu, bec formé par une tête de dragon. Sur la partie basse se détache l'inscription suivante : *Su-di dectoso Sinpa*; l'autre est décorée dans le même goût, les figures seulement représentent des têtes de femmes et l'inscription diffère : *Su-di papa uere.*

Haut., 26 cent.

FAIENCES DE VENISE

37 — Venise. — Une paire de vases.

Forme des plus gracieuses, décor polychrome représentant des corbeilles de fleurs au milieu de grands ornements, lambrequins quadrillés et guirlandes de fleurs.

Haut., 34 cent.

38 — Venise. — Aiguières à côtes.

Décor vert, jaune et bleu sur blanc représentant des paysages.
Monture en argent.

Fabrique de Padoue

39 — Padoue. — Salière ou écritoire du xvᵉ siècle.

Quatre lions élevés sur une console à contours supportant une vasque. Émaillée en vert et jaune.

Fabrique de Sienne

40 — Sienne. — Écritoire forme monumentale, xviiᵉ siècle.

Sur l'une des façades, entre deux colonnettes, un tiroir orné d'un cerf en relief, au-dessus un personnage grotesque supportant un grand écusson surmonté d'une couronne ducale ; de chaque côté, abrité sous une niche garnie de coquilles, un petit vase.

L'autre façade laisse voir dans toute sa profondeur une galerie soutenue par des colonnes, ornée au fond d'un bas-relief ; au-dessus du portail, en ogive, un médaillon agrémenté d'une rosace ; sur les côtés, des niches abritant des coquillages surmontés d'ornements en fleurs de lis couronnés de boules ; au-dessus des médaillons, en bas-relief, allégorie des *quatre saisons*. Le monument est couronné d'un vase de fleurs, de pigeons et de boules se détachant en ronde-bosse sur la toiture. Cette pièce est très-curieuse.

FAIENCES DE SAVONE

41 — Savone. — Plat ovale et à reliefs, xviie siècle.

Au centre une scène de la vie de Bacchus. Marly à palmes, bords représentant des mascarons sur coquilles d'où se détachent des cornes d'abondance, et entre chacun de ces motifs des amours tenant des écussons. Décor en sopra-bianco sur fond bleu.

Revers en émail blanc bleuté rehaussé de signes bleus.

Diam., 27 cent.

42 — Savone. — Plat octogone et à reliefs, xviie siècle.

Une femme vue à mi-corps décore le médaillon central ; traits bruns, modelé orange, costume en sopra-bianco ombré de bleu, marly en traits bleus déliés sur jaune; bords à figures grotesques se perdant dans des ornements en sopra-bianco ombré de bleu sur fond jaune.

Revers émail blanc.

Diam., 25 cent.

43 — SAVONE.—Plat rond et à reliefs du XVIIᵉ siècle.

Au centre un sujet maritime, bords à fruits et à feuillages, émail fond blanc, saillies en brun.
Revers émail blanc.

Diam., 31 cent.

Fabriques diverses et d'Italie

44 — GRAND PLAT à ombilic et à côtes, du XVIᵉ siècle.

Décoré sur toute sa surface de quatre zones représentant des oiseaux, animaux, feuillages et fleurs en rouge, jaune et bleu sur fond blanc, galons en émail bleu.

Revers émail blanc; il est dans un cadre en bois sculpté et doré.

Diam., 43 cent.

45 — ABRUZZES. — Plat du XVIIᵉ siècle.

Le centre est décoré d'un cheval, marly et bords représentant une suite de palmes séparées en deux zones par un galon, traits bruns, remplissage jaune et bleu.

Revers vernissé.

Diam., 43 cent.

46 — Panier à couvercle.

Agrémenté de feuillages, d'oiseaux et de plantes diverses formant une ornementation à jour.

47 — Deux aiguières-appliques.

Formées de grands ornements à anses simulées par des dragons, émail blanc, filets jaunes.

47 bis. — Trois plats ronds.

Décor à figures d'enfants en camaïeu bleu.

FAIENCES FRANÇAISES

DE BERNARD PALISSY ET SA SUITE

48 — Plat ovale et à reliefs de Bernard Palissy. xvi⁰ siècle.

Le centre creux est en émail marbré. Le marly est formé par une moulure à ornements. Les bords, sur fond cuivreux, présentent une suite de rosaces en vert, de salières à fond marbré, d'ornements dits rouleaux, entrecoupés de cornes d'abondance combles de fruits. Une simple moulure en bleu rehausse l'extrémité du bord. Revers marbré.

Larg., 25 cent.; long., 34 cent.

49 — Plat rond et à relief de la suite de Bernard Palissy. xvi⁰ siècle.

La Toison-d'or. Composition de onze figures.

Diam., 24 cent.

50 — PLAT OVALE et à reliefs de la suite de Bernard Palissy.

L'ENLÈVEMENT DES SABINES. Composition de dix figures.

Long., 23 cent.; larg., 25 cent.

51 — PLAT ROND et à reliefs de la suite de Bernard Palissy.

Au centre, six salières groupées, encadrées de feuillages en émail vert et à jours, fond brun, saillies jaunes, bords dentelés.

Diam., 26 cent.

52 —- PLAT OVALE et à reliefs de la suite de Bernard Palissy.

HENRI IV ET SA FAMILLE. Compositions de neuf figures. Bords à fleurs et ornements.

Long., 32 cent.; larg., 26 cent.

52 *bis*. — PLAT OVALE et à reliefs de la suite de Bernard Palissy.

Le Baptême de saint Jean. Bord dentelé.

FAIENCES FRANÇAISES
Fabriques diverses

53 — MARSEILLE. — Une paire de vases porte-bouquets à côtes.

Forme rare et gracieuse, à deux étages. L'orifice se

termine par quatre embouchures simulant des becs. Ils sont décorés d'écussons autour desquels sont groupés des emblêmes guerriers en bleu, vert et jaune, sur fond blanc rehaussé de fleurs heureusement jetées sur les parties les plus saillantes.

Haut., 37 cent.

54 — MARSEILLE. — Deux assiettes par la veuve Perrin.

Décorées au centre de fleurs sur fond blanc, bordure à jour vert, rouge et brun. Marquées VP.

55 — STRASBOURG. — Pot à eau et cuvette.

Forme à contour, décorés de fleurs.

56 — STRASBOURG. — Soupière.

Décorée de fleurs.

FAIENCE DE ZURICH

57 — COUPE à bords festonnés, élevée sur bourre-let. XVIIe siècle.

FERDINANDVS. SECVNDVS. ROMANORVM.

(1632.)

Inscription et date donnant le titre d'un personnage à cheval formant le décor principal de cette coupe. En face de l'inscription, les armes. Fond émail blanc, traits et modelé en bleu, chair en sopra-bianco, costume et ornements rehaussés de jaune et de violet sur fond bleu.

Revers vernissé. .

Diam., 34 cent.

FAÏENCES HOLLANDAISES

Fabrique de Delft

58 — GARNITURE composée de quatre pièces : une paire de grands cornets avec couvercles et une paire de bouteilles avec couvercles.

Les cornets sont en forme éventails et à côtes. Les bouteilles sont octogones et à côtes. Décor polychrome, genre chinois, représentant des oiseaux, des fleurs, des cartouches de terrain, des ornements sur fond blanc, quadrillé ou gros bleu. Les côtes prédominantes sont décorées de galons verts ou bleus rehaussés de fleurs et de clochettes blanches panachées de rouge.

Hauteur des cornets, 43 cent. ;
hauteur des bouteilles, 43 cent.

Cette garniture est remarquable par sa parfaite conservation, la richesse des couleurs, la vivacité de l'émail et la perfection de la faïence. Notons qu'il est rare de trouver des pièces de cette importance avec couvercles.

59 — UNE PAIRE DE GOURDES, décorées par G. K. LEYNOVEN, du XVIIe siècle.

Flanquées de mascarons et d'anneaux en relief; elles sont décorées, sur chaque face, de lambrequins se détachant en blanc sur des médaillons fond bleu. Les pieds et les cols sont ornés de frises et de guirlandes en émail bleu sur fond blanc.

Marquées du monogramme AK (déposé par le peintre à l'hôtel de ville de Delft, en 1680).

Haut., 32 cent.

60 — BOUTEILLE à côtes.

Décor polychrome, genre chinois, représentant des oiseaux et des fleurs.

Haut., 31 cent.

61 — PLAT rond, par Grebue.
Diane assise au pied d'un arbre.

Sujet central encadré d'un marly à écailles entre-coupées de petits médaillons. Bords à côtes décorés de lambrequins, de feuillages et d'entrelacs.
Au revers la signature en toutes lettres.

Diam., 27 cent.

62 — PLAT rond, par Siier.

Sujet au centre : *Un intérieur d'artiste.* Bords à côtes décorés de lambrequins et d'entrelacs. Signé en toutes lettres au-dessous du médaillon.

63 — UNE PAIRE DE FLAMBEAUX.

Formés par des Amours, qui portent sur leurs épaules des poissons retenant dans leurs bouches ouvertes une bobêche. Décor, émail fond blanc, traits, modelé et saillies violets, quelques parties fond jaune.

Haut., 29 cent.

64 — AIGUIÈRE du XVI° siècle.

Goulot élancé sur panse aplatie présentant au centre sur les deux faces une rosace à jour encadrée d'un jonc. L'anse est en forme d'ornement. Décor, genre Japon en bleu sur blanc

Haut., 36 cent,

65 — Gourde du xviie siècle.

Forme dite *couronne*, décorée d'oiseaux et de feuillages en bleu et jaune sur fond blanc, rehaussée sur les côtés de mascarons servant d'anneaux.

Haut., 29 cent.

66 — Buste de l'école de Ter Fehn, du xvie siècle.

Il représente un personnage de l'époque, coiffé d'un bonnet de fourrure. Décor fond bleu à rehauts jaunes.

67 — Gourde. xviie siècle.

Panse aplatie présentant sur chaque face dans des médaillons des types de buveurs et de fumeur d'après Téniers. Encadrement à fleurs.

Haut., 22 cent.

68 — Gourde du xviie siècle.

Elle est formée par deux aigles couronnés aux ailes déployées, adossées l'un contre l'autre. Émail vert et jaune sur fond cuivreux.

Haut., 29 cent.

69 — Perroquet. xviie siècle.

Perché sur un tronc d'arbre, décoré en rouge, vert et or, marqué VE 3/0.

Haut., 17 cent.

70 — Gourde. xviie siècle.

Forme dite *couronne*, décorée de bouquets de fleurs en jaune et vert sur fond bleu.

Haut., 21 cent.

71 — CHOCOLATIÈRE** du xvii**ᵉ** siècle.**

Décor genre chinois, attributs en vert, rouge et or
sur médaillons fond blanc, encadrement fond bleu
agrémenté de fleurs, marquée Ʋ 3/0 en bleu, L dans
la pâte.

72 — VIDRECOMME** du xviii**°** siècle.**

Décoré de fleurs en blanc ombré de bleu qui se
détachent merveilleusement sur un fond émaillé bleu
uni. Monture en argent finement ciselé de l'époque
Louis XIV. Le couvercle est orné d'un groupe représentant : *saint Georges combattant le Dragon.* La char-
nière est agrémentée d'une cariatide d'enfant et des
initiales F. F. en gravure.

Haut., 29 cent.

73 — BUIRE** du xviii**ᵉ** siècle.**

Décorée de fleurs et d'oiseaux en blanc ombré de
de bleu se détachant sur un fond émail bleu uni.
Marquée : D

74 — GOURDE** du xvii**ᵉ** siècle.**

Formée par une cariatide de femme. Chairs viola-
cées, cheveux jaunes, ornements en bleu et jaune sur
blanc.

Haut., 26 cent.

75 — COUPE** ronde à bords dentelés du xvii**ᵉ** siècle,
par P.-P. Kan.**

Décorée au centre d'un bouquet de fleurs entouré de
feuillage, bordure polychrome. Signée en toutes
lettres au revers.

76 — PLAT rond attribué à Carolus Ter Himpel, du xviie siècle.

Au centre un combat de cavalerie aux portes d'une ville que l'on voit au fond. Sur les bords des sujets allégoriques : *les travaux de l'amour* encadrés d'entrelacs, d'ornements et de fleurs. Décor camaïeu bleu. Au-dessous du sujet central, en traits bleus :

16 CH 34
DENK 2 M.

Revers émail blanc et dessins bleus.

Diam., 44 cent.

77 — PLAT rond, à ombilic. xviie siècle.

Au centre un sujet. Marly à arcades semées de feuilles de chênes. Bords décorés à la Raphaël, bleu et jaune sur fond blanc.

Diam., 43 cent.

78 — PLAT rond. xviie siècle.

Au centre un sujet : *Saint Hubert maintenant son coursier.* Les bords décorés d'une suite de lions, de lièvres et de chiens, en bleu et jaune.

Diam., 42 cent.

79 — GOURDE du xviie siècle.

Forme triangulaire, décor : ornements en jaune sur fond blanc, rehaussé sur chaque face d'anneaux bleus et en relief.

Haut., 22 cent.

80 — BOUTEILLE du XVIIᵉ siècle.

Forme carrée et à côtes. Décor : paysages et fleurs en jaune, bleu et vert.

Haut., 29 cent.

81 — GOURDE du XVIIᵉ siècle.

Panse aplatie avec rosaces à jour sur chaque face. Décor à feuillages dans des arcades.

82 — VASE à deux anses avec plateau, du XVIIIᵉ siècle. Fabrique de twece Scheepjes (*aux deux bateaux*).

Panse cintrée et à côtes. Décor : bouquets de fleurs sur fond jaune. Marqué en bleu **AP**.

83 — VASE à deux anses avec plateau, du XVIIIᵉ siècle.

Panse cintrée et à côtes ; décor : fond bleu.

84 — Une paire de PANTOUFLES.

Décor à fleurs sur tiges à traits déliés, bordure à fleurettes sur une bande à carreaux. Émail bleu, rouge et jaunes.

85 — Huit paires de PANTOUFLES.

Formes différentes à talons élégants, décors variés (seront divisées.)

86 — MOUTARDIER.

Forme tonneau décoré de paysages et cerclé en or.

87 — PLAT.

Décor genre japon polychrome à rehauts d'or représentant des oiseaux et des fleurs.

88 — PLAT.

Décor en bleu sur fond blanc. Au centre un pavillon forme chinoise, bords à ornements.

89 — PLAT.

Décoré au centre d'un écusson aux trois fleurs de lis. Bords à ornements et grotesques, en bleu sur fond blanc.

90 — PLAT.

Décoré au centre d'un blason encadré de feuillages et d'ornements en bleu sur blanc.

91 — PLAT.

Sujet Louis XV, scène d'intérieur, en camaïeu bleu, portant l'inscription : $A N \div 1776 — N0.$

92 — PLAT.

Décoré par *Jean Asselyn en* 1650, représentant un paysage animé de figures en camaïeu bleu. Marqué du monogramme *R*.

93 — DEUX PLATS décorés par Jean Brouwer, du XVIᵉ siècle.

Médaillons à bouquets de fleurs et à chevaux en liberté, peints en camaïeu bleu. Marqués du monogramme *.

94 — Deux plats.

Représentant des vues de villes hollandaises arrosées par des cours d'eau. Décor en camaïeu bleu.

95 — Plat.

Représentant des cartes jetées sur un fond à têtes de chérubins et à fleurs. Décor polychrome. Sur l'une des cartes, on lit l'inscription suivante : AOBEMV. Au revers, la date 1731.

96 — Plat.

Décoré de fleurs et de médaillons en bleu sur fond blanc.

97 — Deux plats.

Représentant au centre un blason avec médaillon. Marly à semis de feuilles sur tiges à traits déliés. Bords à ornements, coquilles et enroulements. Décor polychrome à rehauts d'or. Belle qualité dite *Delft doré*.

98 — Assiette.

Décorée au centre d'un blason aux fleurs de lis. Marly en couronne, bords à fleurs sur tiges à traits déliés, en vert, rouge et jaune rehaussés d'or.

99 — Deux assiettes.

Blasons au centre. Bordure à ornements en camaïeu bleu. Sur l'une on lit : H : N : H : D : N. 1713. Sur l'autre : ELKHVYS. HEEFTSYNKRVYS, 1715.

100 — Deux compotiers à côtes.

Décor à mandarins polychrome rehaussé d'or. Belle qualité dite *Delft doré*.

101 — Deux assiettes.

Décorées de blasons au centre, bords à ornements en camaïeu bleu.

102 — Assiette.

Décorée d'une alliance représentée par deux écussons dans un médaillon. Marly à soleil et à ornements. Bords à enroulements se détachant en clair sur camaïeu.

103 — Deux assiettes.

Blason au centre avec les initiales I. H. et la date 1773. Bords à ornements genre Japon, décor polychrome à rehauts d'or.

104 — Deux assiettes.

Avec blasons au centre portant la devise : IAC. DOUW. Bords à ornements. Décor polychrome à rehauts d'or.

105 — Deux assiettes.

A blasons, bords à ornements, décor polychrome rehaussé d'or, marquées au revers D/8.

106 — Deux assiettes.

Double écusson au centre, bordure à guirlandes de fleurs, décor bleu, orange et jaune. Au centre, les initiales L : V : D : B : M : S : V.

107 — Assiette.

Sujet pastoral en camaïeu bleu rehaussé de jaune, d'orange et de vert. Au bas l'inscription : VIVATO-RANJE. 1747.

108 — DEUX ASSIETTES.

Aux armes de *Harderwyk* datées de 1727, en bleu et jaune.

109 — DEUX ASSIETTES.

Avec blasons au centre et inscription : G. V. HOEKKE. 1719. Bordure à coquilles et à feuillages. Décor polychrome à rehauts d'or dit *Delft doré.*

110 — ASSIETTE.

Décorée en camaïeu bleu représentant un blason au centre et une suite d'ornements sur les bords.

111 — DEUX ASSIETTES.

Paysages animés de figures en camaïeu bleu.

112 — DEUX ASSIETTES.

Corbeilles de fleurs au centre, bouquets détachés sur les bords. Décor genre Japon polychrome rehaussé d'or.

113 — DEUX ASSIETTES.

Au centre, des blasons avec banderoles sur lesquelles on lit : *Detros Poortermans Cornelia Van der meer in den H Echt rer conigt den 17 mey 1757.*

114 — DEUX ASSIETTES.

Décor polychrome à mandarins.

115 — ASSIETTE.

Sujet Louis XV, bordure à fleurs et feuillages, décor polychrome.

116 — SIX ASSIETTES.

Décors divers.

117 — DEUX COMPOTIERS à côtes décorés par Pieter-Jan Donne.

Bouquets de fleurs genre chinois. Marquées : **D. P.**

118 — COUPE élevée sur piédouche.

A côtes et à bords à jours, décorée de chiens, de bouquets de fleurs et de feuillages.

119 — COUPE creuse.

Au centre, un musicien, statuette en ronde bosse. Bordure intérieure à inscriptions, extérieure à feuillages. Décor bleu, blanc, jaune et vert.

120 — DEUX SOUCOUPES et une tasse.

Décor fond bleu turquoise, fleurs en bleu, jaune et violet.

121 — DEUX ASSIETTES.

Décorées en rouge et or genre Japon.

122 — PLAT.

Au centre, sujet : *les Patineurs.* Bords à ornements, décor en camaïeu bleu.

123 — DEUX ASSIETTES.

Amours et oiseaux dans des fleurs au centre, marly à
grecque et à galon, bords à lambrequins, décor en
camaïeu bleu.

124 — ASSIETTE.

Sujet chinois en camaïeu bleu.

125 — DEUX ASSIETTES.

Médaillon au centre représentant deux blasons,
marly à rinceaux et ornements, bords dans le même
goût, décor en bleu rehaussé de blanc.

126 — ASSIETTE.

Blason au centre, marly à mi-losanges, bordures à
guirlandes en rouge, vert et jaune rehaussés d'or. Qualité dite *Delft doré*.

127 — DEUX ASSIETTES.

Fleurs et ornements, décor polychrome.

128 — DEUX ASSIETTES.

Bouquets de fleurs au centre, bords dentelés à coquillages et fleurettes. Décor polychrome.

129 — DEUX ASSIETTES.

Bouquets de fleurs détachés, décor genre chinois.

130 — DEUX ASSIETTES.

Marguerite au centre, bords à ornements en jaune
sur fond vert et bleu.

131 — Deux assiettes.

Fleurs dans des compartiments à bossages en bleu sur blanc.

132 — Six petites assiettes.

Blasons au centre, fleurs et oiseaux en camaïeu bleu. Marquées AK.

133 — Six petites assiettes.

Sujets Watteau, au centre.

134 — Deux petites assiettes.

Groupe de personnages au centre, encadrement à lambrequins et à fleurs, genre chinois.

135 — Théière.

Fond brun rehaussé de fleurs à traits déliés en jaune. Montée en argent.

COFFRETS

136 — Coffret en fer de l'époque de la Renaissance.

Il est de forme rectangulaire. Le dessus est divisé en deux compartiments présentant chacun sur un fond gravé et champlevé des personnages dans un jardin, encadrés d'entrelacs et de rinceaux. La face principale présente trois arcades en relief encadrant de médaillons sur lesquels se détachent des oiseaux aux ailes déployées, finement gravés. Les côtés en arcades représentent des jardins, et sont flanqués de prises de forme ovale. La quatrième façade est à compartiments formés par des saillies gravées et champlevées, le fond représente des vases d'où s'échappent des longues tiges couronnées de feuillages lobés et des cornes d'abondances. Encadrement à rinceaux et à entrelacs.

La serrure est remarquable par sa complication et l'ornementation en fer forgé et découpé.

Larg., 36 cent.; haut., 17 cent.

137 — Coffret en fer de l'époque de la Renaissance. Travail flamand.

Il est de forme rectangulaire. Dessus et au pourtour il présente des bustes de chevaliers encadrés de fleurs lobées sur longues tiges gravées et champlevées. Bordures du couvercle dorée et gravée, des côtés à rinceaux et à entrelacs. Le dessous est décoré d'ornements finement gravés et champlevés.

CLEFS-SERRURES

138 — Clef en fer. Travail français du xvᵉ siècle.

L'embrase en forme de pyramide repercée et ciselée se terminant en dôme quadrangulaire et cintré, est

ralliée au canon par un cercle, rempli d'une rosace
repercée, et rehaussé à l'extérieur de deux mascarons
en relief. Le panneton découpé en peigne se termine
par une double grecque. Le canon est à double cir-
cuit.

Pièce curieuse par sa forme.

139 — Clef **en fer. Travail oriental du xiii⁰ siècle.**

Anneau plein percé à la partie inférieure d'une lune.
Canon entièrement couvert d'ornements damasquiné-
d'argent. Panneton formé de grecques découpées à
jours, se terminant chacune par une double fourche et
rehaussées de damasquiné d'argent.

Pièce rare et intéressante.

140 — Clef **en fer,** travail français du xvi⁰ siècle.

L'anneau, formé d'ornements repercés et ciselés, est
surmonté d'une couronne ducale. Le canon à saillies se
termine par des rondelles découpées à vif et à sa partie
basse, est couvert de rayons à feuillages gravés. Le
panneton représente une grecque repercée et gravée.

141 — Clef **en fer,** travail français du xvi⁰ siècle.

L'anneau est formé par deux cariatides de monstres
s'appuyant sur l'embase à feuillages, le canon en étoile
présente à l'extérieur quatre fuseaux ralliés. Le panneton est à ornements bizarres repercés.

142 — Clef **en fer,** travail français du xvi⁰ siècle.

L'anneau, formé d'ornements repercés et ciselés, est

rallié au canon par une embase à rondelles découpées à vif. Le canon est à rainures, et le panneton orné de grecques en repercé.

143 — CLEF EN FER, travail français du XVIᵉ siècle.

L'anneau est formé par deux sphinx reposant sur un chapiteau. Canon uni, panneton se terminant en scie.

144 — CLEF FN FER, travail français du XVIᵉ siècle.

L'anneau est formé d'ornements repercés et ciselés dominés par une couronne de marquis. Le canon est partie à rondelles découpées à vif, partie à rainures couvertes de pavés. Panneton découpé.

145 — CLEF EN FER, travail français du XVIᵉ siècle.

L'anneau est formé d'ornements repercés et ciselés, l'embase à rondelles découpées à vif le relie au canon rond, entièrement couvert d'entrelacs en gravure. Panneton à découpage bizarre.

146 — CLEF EN FER, travail français du XVIᵉ siècle.

L'anneau est agrémenté d'ornements repercés et ciselés mi-joncs. L'embase à rondelles découpées à vif, le canon en spirale, le panneton en grecque.

147 — CLEF EN FER, travail français du XVIᵉ siècle.

L'anneau est formé d'ornements répercés et ciselés, dominés par une couronne ducale. L'embase est composée de rondelles découpées à vif. Le canon à rainures couvertes de pavés en relief. Le panneton découpé.

148 — Clef en fer, travail français du xvi⁰ siècle.

Anneau formé d'entrelacs et de tiges enroulés en
repercé, dominé par une couronne princière de France.
Canon à rainures offrant aux extrémités des rondelles
découpées à vif, gravé par partie. Panneton à grecque.

149 — Clef de chambellan, en fer, travail italien
du xvi⁰ siècle.

L'anneau présente en repercé les chiffres A. E., ciselés, enlacés et dominés par une couronne princière
d'Italie, encadrés d'ornements rehaussés de gravure.
Canon droit et uni. Panneton à quatre grecques ralliées
par une plaque dorée et gravée.

150 — Clef de chambellan, en fer doré, travail
danois du xvii⁰ siècle.

Au centre de l'anneau le chiffre du roi Gustave-
Adolphe. De chaque côté, deux cariatides de lion supportant la couronne royale. Embase formée par un
médaillon aux armes de Danemark. Canon droit et uni.
Panneton agrémenté de quatre sceptres et de deux croix
en repercé.

151 — Clef en fer, travail français du xvi⁰ siècle.

Anneau à ornements découpés à vif et ciselés, embase
à rondelles, canon à filets creux, panneton en S.

152 — Clef en fer, travail français du xvi⁰ siècle.

Des ornements enroulés et repercés forment l'anneau,
des rondelles en saillie relient le canon agrémenté de
sillons, le panneton est découpé.

153 — CLEF EN FER, travail francais du xvie siècle.

L'anneau est composé d'ornements repercés et ciselés, l'embase de rondelles saillantes. Le canon est
droit et uni, le panneton se termine en rouleau double.

154 — CLEF EN FER, travail français du xvie siècle.

L'anneau est agrémenté d'ornements repercés et
ciselés. L'embase est formée d'une boule élevée sur console. Le canon triangulaire est uni. Le panneton à étoile
est repercé.

155 — CLEF EN FER, travail français de l'époque
Louis XVI.

L'anneau est en fer repercé et perlé, avec plaque
dorée au centre, présentant d'un côté un blason, de
l'autre, les initiales J. I. M. enlacées et gravées. Le
canon est à rainures. Le panneton forme encadrement.

156 — SERRURE avec sa clef en fer forgé. Travail
français du xve siècle.

La serrure est en forme clocheton, flanquée de deux
appliques découpées. La clef à canon droit, surmontée
d'une embase à rondelles en joncs et mi-joncs, est cou-
ronnée d'ornements repercés remplissant l'anneau. Le
panneton est agrémenté d'ornements repercés.

157 — SERRURE avec sa clef en fer forgé. Travail
français du xve siècle.

La serrure est en forme clocheton, flanquée de deux
appliques quadrangulaires. La clef à canon droit, à
embase formée de boule et de rondelles en saillie, l'anneau en repercé et gravé, le panneton en grecques.

158 — Serrure avec sa clef en fer forgé. Travail
français du xv⁰ siècle.

> La serrure est à clocheton en dôme octogne, parties
> fond doré et rehaussées d'ornements gravés et champ-
> levés, flanquée de deux appliques. La clef est à canon
> droit, anneau ovale, panneton en grecques.

159 — Clef en fer. Travail français du xvi⁰ siècle.

> Du milieu de l'anneau formé par deux serpents, se
> détache un motif de feuilles de chêne et de têtes d'oi-
> seaux. L'embase, formée par un chapiteau présentant
> au pourtour une couronne princière, relie le canon tri-
> angulaire. Le panneton est à rainures.

160 — Clef double de chambellan. Travail autrichien du xvi⁰ siècle.

> L'anneau mobile en fer forgé présente sur chaque
> face les armes de la maison d'Autriche. Le canon est
> droit et se termine à chaque extrémité par un panne-
> ton en grecques.

161 — Clef en fer doré. Travail autrichien du
xiv⁰ siècle.

> L'anneau se relie à l'embase, qui présente d'un côté
> les chiffres C III, de l'autre, les chiffres C VI surmontés
> de la couronne impériale. Canon droit, panneton dé-
> coupé.

162 — CLEF de porte en fer forgé et gravé. Travail français du xvi⁰ siècle.

> L'anneau est formé d'ornements découpés et gravés. Le canon est uni, le panneton en grecques.

163 — CLEF en fer doré. Travail allemand du xviiiᵉ siècle.

> L'embase, formée par un ornement, supporte les armes de Frédéric, roi de Prusse. Le canon est gravé, le panneton est repercé.

164 — CLEF en fer forgé. Travail français du xvᵉ siècle.

> L'anneau est formé d'ornements découpés, l'embase par un chapiteau rond, le canon à rainures présente à l'orifice une étoile, le panneton est découpé.

165 — CLEF en fer forgé. Travail du xviⁱ siècle.

> L'anneau est rempli d'ornements repercés, l'embase à rondelles en saillie, le canon droit, le panneton découpé.

166 — CLEF en fer partie dorée, partie unie. Travail de l'époque Louis XVI.

> Du centre de l'anneau se détachent les initiales C. W. enlacées.

167 — SERRURE avec sa clef en fer forgé. Travail du xviiⁱ siècle.

> Anneau ovale, canon droit, panneton découpé.

168 — Clef de porte en fer forgé. Travail du
XVI⁰ siècle.

Anneau formé d'ornements découpés se ralliant à
une plaque massive fixée au centre. Canon droit, panneton en grecques.

169 — Clef de porte en fer forgé. Travail gothique.

L'anneau est formé d'ornements découpés, le canon
est droit, le panneton en grecques.

170 — Clef en fer forgé. Travail du XVII⁰ siècle.

Anneau ovale, canon droit, panneton en repercé.

171 — Clef en fer du XVII⁰ siècle.

L'anneau est ovale, l'embase, montée à vis, dissimule
un secret.

172 — Clef en fer. Travail du XVI⁰ siècle.

Anneau formé d'ornements repercés et ciselés, canon
droit, panneton découpé en Z.

173 — Clef en fer. Travail du XVII⁰ siècle.

L'anneau présente au centre les initiales C. A. C.,
encadrées d'ornements et surmontées d'une couronne
royale. Canon droit, panneton découpé.

174 — Six clefs en fer forgé du XVII⁰ et du
XVIII⁰ siècle.

(Seront divisées).

VERNIS DE MARTIN

175 — Éventail en vernis de Martin.

Il est à double face. La première est décorée au milieu d'un important sujet composé de onze personnages : *le Retour des bosquets*, allégorie pleine de finesse et d'esprit.

Aux quatre angles, des médaillons représentant des scènes champêtres, fond bleu, personnages en couleurs. Aux deux extrémités, en camaïeu violet : *la Balançoire* et *le Colin-Maillard*, charmantes compositions où les personnages se détachent merveilleusement, grâce aux teintes de leurs gracieux costumes.

Ces médaillons sont encadrés d'un semis d'entrelacs et de grotesques réservés en or sur fond noir et rehaussé de six rosaces représentant des oiseaux et des vases de fleurs se détachant sur un fond d'or.

La partie inférieure, simulant la monture, offre au centre un sujet genre chinois sur fond d'or encadré d'ornements finement déliés et réservés en or sur fond noir. De chaque côté, deux médaillons en camaïeu violet et un autre en camaïeu bleu.

Les montants représentent des sujets, genre chinois, se détachant sur fond d'or, et encadrés d'un semis d'or réservé sur fond violet. Un médaillon camaïeu bleu et deux camaïeu violet en complètent la composition. L'autre face offre le même aspect, la composition du décor est identiquement pareille, sauf les sujets qui varient.

L'encadrement des médaillons rappelle facilement les plus merveilleux damasquinés du xvi⁰ siècle. La ri-

chesse de sa composition et sa parfaite conservation
nous autorisent à signaler cet éventail comme une des
pièces les plus remarquables en ce genre.

176 — ÉVENTAIL en vernis de Martin.

Il est à double face. Le côté principal représente l'*Enlèvement d'Hélène*. Importante composition de dix-neuf
figures. La partie inférieure est décorée d'un médaill-
lon : *Hélène reine*, sur fond noir agrémenté de mascarons et d'ornements réservés en or. De chaque côté sur
fond rouge des médaillons en camaïeu bleu. Montants
décorés de portraits de femmes et d'ornements sur fond
rouge. Au revers, un sujet genre Watteau : *la Déclaration.*

177 — ÉVENTAIL en vernis de Martin.

Esther devant Assuérus. Composition de quinze personnages. La partie inférieure représente des sujets
genre chinois se détachant sur un fond d'or et encadrés
d'ornements réservés. Montants décorés de médaillons
à figures sur fond rehaussé d'or. Le revers représente
un sujet allégorique de *la Déclaration d'amour.*

178 — ÉVENTAIL en vernis de Martin.

Le char de l'Amour, composition allégorique de six
personnages, décore la face principale. La partie inférieure est agrémentée de sujets genre chinois sur fond
d'or, encadrements quadrillés. Montants à fleurs et
ornements simulant le laque doré. Revers représentant
un paysage.

179 — ÉVENTAIL en vernis de Martin.

Sujet mythologique à dix-huit personnages. Partie

inférieure décorée d'un médaillon, portrait de jeune femme, entouré d'une multitude de petits sujets genre chinois sur fond de différentes couleurs rehaussées d'or. Montants décorés de médaillons à figures et d'ornements. Au revers trois sujets pastoraux sur fond bleu.

180 — Éventail en vernis de Martin.

Scène champêtre composée de dix personnages. La partie inférieure offre un portrait de femme entouré de médaillons et de motifs genre chinois. Revers décoré d'un paysage animé de figures. Les montants représentent des médaillons à personnages et des ornements rehaussés d'or.

CURIOSITÉS DIVERSES

181 — Ivoire. — Diptyque. Travail du xve siècle.

Sur les volets sont sculptés en haut-relief des sujets tirés du Nouveau Testament.

182 — Cuivre doré et ciselé. — Pendule de l'époque de Louis XIII.

Elle représente un lion debout tenant dans ses griffes un écusson gravé où est enchâssé le cadran. Posé sur une base octogone renfermant le mouvement et élevée sur quatre pieds à ornements.

183 — Cuivre doré. — Calendrier perpétuel hébraïque, du xve siècle.

183 *bis*. — GRÈS, — Grande aiguière, style du
XVᵉ siècle. Travail moderne.

Décorée d'écussons et d'ornements à rehauts bleus
sur fond gris.

PORCELAINES DE CHINE

184 — ASSIETTE creuse, pâte dite coquille d'œuf.

Famille chinoise au centre. Bord quadrillé semé de
fleurs et de papillons.

185 — PLAT rond de la famille verte.

Au centre des fleurs et des cartouches de terrain,
marly fond vert semé de fleurs entrecoupées de médaillons à cygnes en grisaille. Bordure à compartiments représentant des plantes aquatiques.

186 — DEUX PLATS de la famille verte.

Décorés, au centre, d'oiseaux à beaux plumages et
de fleurs, sur les bords de médaillons à animaux fantastiques et de cartouches de terrain en couleurs rehaussées d'or.

187 — PLAT rond de la famille rose.

Décoré, au centre, de pivoines sur branches, aux
bords de lambrequins semés de fleurs et d'ornements.
Émaillé en relief.

188 — Plat octogone.

Décoré, au centre, de fleurs et de feuillages, aux bords de lambrequins semés de fleurs. Émaillé en relief.

189 — Deux plats octogones.

Fleurs et feuillages au centre, lambrequins semés de fleurs sur les bords. Émaux en relief.

190 — Assiette.

Représentant, au centre, des mandarins à riches costumes, marly fond d'or sur lequel voltigent des cigognes. Bords à médaillons représentant des groupes d'oiseaux et de poissons et des fragments de lambrequins. Émaillée en couleurs rehaussées d'or et en relief.

191 — Deux assiettes.

Décor fond bleu sur lequel se détache en traits noirs un sujet : *les martyrs chrétiens*. Bordure fond blanc agrémenté de guirlandes et d'entrelacs en vert et or.

192 — Deux assiettes.

Décorées de médaillons fond bleu rehaussé d'un sujet en traits noirs : *Hercule terrassant le lion*. Marly rehaussé d'or. Bordure à oiseaux et ornements en vert et or.

193 — Deux assiettes.

Blason au centre surmonté d'une couronne ducale. Bordure à médaillons de paysages et traînées de fleurs en couleurs à rehauts d'or.

194 — Deux assiettes.

Double écusson au centre sur fond gravé. Marly rehaussé d'or à fleurs de lis. Bordure à oiseaux et ornements semés d'écailles de poisson en grisaille et rehauts d'or.

195 — Deux assiettes.

Double écusson au centre. Marly à médaillons et fond quadrillé. Bordure à oiseaux et attributs. Décor en bleu, rouge et or.

196 — Deux plats de la famille rose.

Au centre des oiseaux et des pivoines. Sur les bords une suite d'encadrements formés de frises et de grecques avec bouquets détachés. Émaillés en rouge, rose, bleu, vert et or.

197 — Deux assiettes.

Brazeros au centre couronnés de fleurs, encadrés de lambrequins et de fleurs en rouge, bleu, vert, blanc à rehauts d'or.

198 — Deux assiettes.

Au centre, sur fond blanc, des poissons et des plantes aquatiques. Bords fond bleu lapis rehaussé de médaillons, de fleurs et d'entrelacs émaillés en couleurs et en relief.

199 — Deux assiettes de la famille verte.

Au centre une jardinière garnie de fleurs. Bords à compartiments représentant des figures, des cartouches de terrains et des vases de fleurs. Joli décor en couleurs à rehauts d'or.

200 — Deux assiettes de la famille rose.

Décorées de cygnes et de plantes aquatiques se détachant d'un lac. Marly à médaillons sur fond quadrillé,
bordure à mandarins dans des tourbillons. Émaillées
en couleurs, en relief et à rehauts d'or.

201 — Deux assiettes de la famille rose.

Vase de fleurs au centre, bordure à quadrillés roses
et verts entrecoupés de médaillons. Émaux en relief
rehaussés d'or.

202 — Quatre assiettes.

Décorées de fleurs, de vases, de branchages. Bordure
à lambrequins et ornements fond quadrillé. Émaux en
relief rehaussés d'or.

203 — Trois assiettes.

Décorées au centre de coqs se promenant dans des
jardins, bords à quadrillés fond bleu, traits en noir,
entrecoupés de médaillons à fleurs.

204 — Deux assiettes de la famille rose.

Fleurs et branchages au centre en noir et or. Bordure à lambrequins et rosaces en rose, vert d'eau, bleu
et blanc.

205 — Deux assiettes de la famille rose.

Au centre oiseaux et pivoines. Bordure à médaillons
sur fond quadrillé. .

206 — DEUX ASSIETTES.

Au centre *une scène d'intérieur*; marly fond quadrillé
en noir rehaussé d'entrelacs en émail blanc. Bordure
fond couleur acier entrecoupé de médaillons à fleurs
émaillées bleu, et de médaillons en réserve fond rouge
agrémenté d'ornements finement gravés; remplissage
en or.

207 — DEUX ASSIETTES.

Fleurs et bambous au centre, encadrés de médaillons
réservés sur un fond brun semé de fleurettes.

208 — DEUX ASSIETTES creuses.

Décorées d'objets mobiliers chinois et de fleurs,
encadrement à entrelacs et à médaillons.

209 — DEUX ASSIETTES creuses de la famille rose.

Bouquets de fleurs et papillons au centre, bordure
décorée d'éventails à émaux en relief et translucides,
de lambrequins et de fleurs à rehauts d'or.

210 — ASSIETTE de la famille rose.

Médaillon à mandarins au centre en rouge rehaussé
d'or; encadrement quadrillé rose entrecoupé de médaillons à fleurs.

211 — DEUX ASSIETTES.

Sujet d'après *Teniers* au centre. Marly à rubans
entrecoupés de gourdes en vert et or; bordures à fruits
détachés.

212 — Assiette.

Représentant au centre des Chinois traversant, à cheval et à pied, un lac.

213 — Assiette de la famille verte.

Rosace au centre. Encadrement formé de médaillons à animaux fantastiques dans des jardins.

214 — Deux assiettes de la famille verte.

Le Char de Vénus traîné par des amours. Décor en couleurs rehaussé d'or.

215 — Deux assiettes.

Bouquets de pivoines au centre, bordure à fleurs et à rubans quadrillés.

216 — Deux assiettes.

Bouquets de fleurs au centre, encadrés de lambrequins semés de fleurs.

217 — Deux assiettes.

Décor à vases de fleurs rehaussés d'or et d'émaux en relief.

218 — Deux assiettes.

Médaillons à fleurs, papillons et lambrequins fond rose.

219 — Deux assiettes.

Médaillons à mandarins. Encadrement à pivoines.

220 — Deux assiettes.

Médaillons à personnages, bordure à fleurs détachées.

221 — Deux assiettes.

Mandarins et grotesques. Bordure à lambrequins agrémentés de médaillons en réserve.

222 — Deux assiettes.

Fleurs et oiseaux au centre. Entrelacs, grecques et rosaces sur les bords.

223 — Deux assiettes.

Représentant au centre des soldats écossais, sur la bordure des paysages et des oiseaux.

224 — Deux assiettes.

Décor à paysages chinois.

225 — Deux assiettes.

Fond brun rehaussé de médaillons de formes bizarres et de papillons.

226 — Deux assiettes.

Jardinières chargées de fleurs au centre. Marly quadrillé rose, bordure à lambrequins et à rosaces.

227 — Deux compotiers à côtes de la famille verte.

Décor à fleurs et cartouches de terrain, bordure à médaillons et ornements.

228 — DEUX ASSIETTES.

Fleurs et jardinière au centre, bordure à double grecque fond bleu, et fleurs sur longues tiges.

229 — DEUX ASSIETTES.

Fleurs au centre. Marly fond bleu à entrelacs jaunes et fleurs panachées ; bordure oiseaux et branchages.

230 — DEUX ASSIETTES.

Décorées au centre de brazeros et de vases. Bordure à ornements rehaussés d'or.

231 — DEUX ASSIETTES.

Fleurs au centre, lambrequins et tulipes en couleurs rehaussés d'or sur la bordure.

232 — QUATRE ASSIETTES.

Décors divers à rehauts d'or.

233 — QUATRE CENDRIERS.

Médaillons à mandarins, encadrement à fleurs en camaïeu bleu.

234 — TROIS CENDRIERS.

Fond rose, grande rosace blanche réservée en blanc, rehaussée de bleu.

235 — DEUX TASSES hautes avec soucoupes.

Fleurs sur fond blanc.

FAÏENCES DE RHODES

236 — PLAT ROND.

Décor à palmes émaillées en couleur.

237 — PLAT ROND.

Décor à rosaces et pommes de pin.

238 — BOUTEILLE A LONG GOULOT en terre émaillée. Poterie orientale.

Décor en blanc et traits bruns sur fond rouge craquelée.

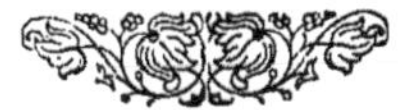